Wellness für Senioren

Karten-Set mit Wohlfühlideen für die Altenpflege

Melanie Schölzke

Wellness für Senioren

Karten-Set mit Wohlfühlideen für die Altenpflege

Melanie Schölzke

Impressum

Titel

Wellness für Senioren

Karten-Set mit Wohlfühlideen für die Altenpflege

Autorin

Melanie Schölzke

Umschlagmotive

einzelne Lilie: © New Africa, Saunautensilien: © fotostuttgart – beide Fotolia.com

Kapitel-Icons

© EveeKamp – Shutterstock.com

Druck

Druckzone GmbH & Co KG, Cottbus, DE

Verlag an der Ruhr
Mülheim an der Ruhr
www.verlagruhr.de

ISBN 978-3-8346-4144-1

Inhaltsverzeichnis

Einführung

Sich entspannen, sich etwas Gutes gönnen, sich um das körperliche und seelische Wohlbefinden kümmern – darum geht es bei Wellness. Als Zielgruppe für Wellness gelten gemeinhin Menschen im mittleren Lebensalter, die in Wellness-Angeboten ein Gegengewicht zum hektischen Alltag sehen – einen Kurzurlaub für die Seele, um es poetischer zu sagen. In diesem Karten-Set sind nun aber **Senioren** die Zielgruppe für Wellness-Angebote. – Passt das denn?

Tatsächlich passt es sehr gut. Im Kern geht es bei Wellness um **verschiedene Facetten der Gesundheit,** die das Innen wie Außen umfassen. Wertschätzung ist wichtig, sich und seinem Wohlbefinden Bedeutung zu geben – insofern treffen Wellness-Angebote genau das, worum es in der sozialen Betreuung geht: um den Menschen in seiner **Ganzheit.**

Auch die Schönheitspflege wird zu Wellness gezählt und diese hat ebenfalls eine **Wertschätzungsfunktion** – wobei das Sich-wohl-in-seiner-Haut-Fühlen vielfältige Aspekte hat, was Ihnen bei der Auswahl der Themen die Chance bietet, diese auf Ihre jeweiligen Teilnehmer abzustimmen. Gerade im Bereich Entspannung sind Menschen sehr unterschiedlich ansprechbar.

TIPP → Am besten probieren Sie verschiedene Wellness-Angebote aus und notieren sich, wie sie von den einzelnen Teilnehmern angenommen werden.

Für wen ist das Karten-Set gemacht?

Dieses Karten-Set ist für **Mitarbeiter in Pflegeeinrichtungen** gemacht, für dort tätige **Ehrenamtliche** und ebenso für **betreuende Angehörige.**

Was die Themen anbelangt, so ist das Karten-Set für **Frauen als auch Männer** konzipiert. Thematisch dürften Frauen grundsätzlich besser ansprechbar sein, was aber nicht bedeutet, dass Männer von vornherein ausgeschlossen werden sollten. Auch bei vielen Männern gibt es Anknüpfungspunkte biografischer Art.

HINWEIS → Zum Begriff „Wellness" findet sich in vielen Büchern, Zeitschriften und Texten auf Websites die Erklärung, dass Wellness ein modernes Kunstwort sei, das sich aus den Wörtern „Fitness" und „Wellbeing" (Wohlbefinden) zusammensetzt. In Wirklichkeit ist Wellness aber ein jahrhundertealter englischer Begriff, der auf Deutsch „Wohlergehen" und „Gesundheit" bedeutet, der darin enthaltene Begriff „well" steht zudem noch für das Wort für „Quelle". In diesem Sinne geht es bei Wellness um Angebote, die der Gesundheit von Körper, Geist und Seele dienen, die dazu beitragen, dass Menschen sich frischer und lebendiger fühlen, energievoller und fitter.

Wellness in den Teilnehmer-Biografien

Bei Wellness geht es um die Gesundheit und das Wohlbefinden und dadurch gibt es durchaus biografische Anknüpfungspunkte, selbst wenn der **Begriff Wellness** in Deutschland erst im Laufe der **1990er-Jahre** Eingang in den breiteren Wortschatz gefunden hat. Auch ohne die konkrete

Bezeichnung spielte die Idee von Wellness schon früher eine Rolle, denn die Themen „Gesundheit" und „Wohlbefinden" haben eine immer größere Bedeutung im Laufe des Lebens Ihrer Teilnehmer erlangt.

Ein Großteil der Bewohner und Gäste von Einrichtungen der Altenhilfe ist in den 1950er- und 1960er-Jahren jung gewesen. Nach den entbehrungsreichen Kriegs- und Nachkriegszeiten hatte das Thema „gutes Leben" eine große Bedeutung erlangt. **Attraktivität** und **Körperpflege** waren vielen Menschen sehr wichtig, auch den **Männern.** Mann und Frau wollten sich gleichermaßen anziehend fühlen – dafür taten sie einiges. Die Nivea Creme in der blau-weißen Dose hat sich so damals viele Stammkunden erworben.

Ein wichtiges Thema wurde in den Zeiten des Wirtschaftswunders ebenfalls das **Essen.** Im Laufe der Zeit machte man sich dann auch über **körperliche Üppigkeit** Gedanken, vor allem seit den 1970er-Jahren. Erst wurden Trimm-dich-Pfade gebaut, dann hat sich das Joggen etabliert und Diät-Bücher sind erschienen.

Biografieorienterte Fragen zu „Wellness"

Da Wellness nun nicht begrifflich, aber inhaltlich im Leben vieler Ihrer Teilnehmer eine Rolle gespielt hat, macht dies auch biografieorienterte Fragen zu „Wellness" möglich. Nur ein paar Beispiele dafür:

- Wie haben Sie sich früher immer schön und ausgehfertig gemacht? Was haben Sie zum Schönmachen verwendet?
- Haben Sie früher Sport gemacht? – Welchen Sport haben Sie betrieben?
- Wobei werden Sie richtig müde und entspannt? Gibt es eine bestimmte Musik, bei der Sie gut entspannen? – Welche ist das?

- Welche gesunden Lebensmittel mögen Sie gern? Welche Rezepte mit diesen Lebensmitteln kennen Sie?

Zum Inhalt des Karten-Sets

Heute ist der Begriff „Wellness" sehr verbreitet, tatsächlich läuft vieles unter dem Begriff, das nichts mit dem Kerngedanken von „Wellness" zu tun hat – selbst Socken oder Hausanzüge tragen manchmal dieses Versprechen. In diesem Karten-Set wird Wellness in einem engeren Sinne verstanden, es begrenzt sich auf Angebote für:

- selbst herstellbare Körperpflegeprodukte,
- gesunden Genuss,
- sanfte Bewegung für den Körper,
- Entspannungsangebote für Körper und Seele.

In dem Karten-Set finden Sie zu diesen **vier Bereichen** Wellness-Ideen. Verschiedene Icons bieten Orientierung, in welchem Bereich Sie sich gerade befinden.

Selbstgemachtes für die Körperpflege

In diesem Kapitel sind Ideen für selbst gemachte Körperpflegeprodukte zu finden – alle speziell auf die Bedürfnisse der älteren, häufig sensiblen Haut abgestimmt. Zudem sind diese Produkte kostengünstig herstellbar und überraschend schnell zubereitet, eventuell sogar mit Unterstützung Ihrer Teilnehmer.

Wellness-Genuss zum Essen und Trinken

In diesem Kapitel gibt es gesunde, leckere Getränke und Snacks, denn Wohlbefinden und Ernährung haben viel miteinander zu tun – das gilt für jedes Alter. Das, was wir zu uns nehmen, wird zu der Energie, die wir in uns haben. Wenn es Ihren Teilnehmern motorisch und kognitiv möglich ist, können Sie die Getränke und Snacks gemeinsam zubereiten.

Wellness aktiv – Freude an der Bewegung

In Sachen Wellness und Bewegung ist Yoga heute bekannt und verbreitet. Im Karten-Set gibt es dementsprechend die Idee für ein Kurz-Yoga im Sitzen, außerdem aber auch Vorschläge für ein Kurz-Qigong, eine Körpermassage mit dem Igelball etc. Bei allen Angeboten geht es gleichermaßen um die Förderung der bewussten Körperwahrnehmung wie um eine sanfte Mobilisation.

Entspannung für Körper und Seele

Unruhe, Bewegungsdrang, Schlaflosigkeit – gerade in fortgeschrittenen Lebensjahren stehen viele Menschen unter besonderem Stress. Fantasiereisen, Atemübungen oder auch Fingerentspannung können helfen, Ruhe zu finden, und sind dementsprechend in diesem Kapitel zu finden.

TIPP → Viele Teilnehmer genießen es, wenn es bei Entspannungsangeboten gut duftet. Dafür können Sie einen Aroma-Diffuser nutzen.
Auch Entspannungsmusik kommt oft sehr gut an – hier gilt es, nur darauf zu achten, dass die Musik nicht mit anderen Geräuschen in Konkurrenz tritt. Wenn Sie etwas vortragen, sollte in dieser Zeit keine oder nur sehr leise Musik zu hören sein.

Der Raum

Idealerweise besitzt der Raum, in dem die Wellness-Angebote durchgeführt werden, eine **Wohlfühlatmosphäre.** Er sollte ansprechend und nicht zu groß sein, er sollte eine Tür haben, die geschlossen werden kann. **Lüften** Sie den Raum vor dem Angebot. Trotzdem darf der Raum aber **nicht zu kühl** werden.

Dekorationen mit Tüchern, Blumen oder Lichtspielen können den Wellness-Gedanken unterstreichen.

Bei den Angeboten im Bereich **Selbstgemachtes für die Körperpflege** und **Wellness-Genuss zum Essen und Trinken** ist es von Vorteil, wenn die Teilnehmer im Fall eines Gruppenangebots rund um einen Tisch sitzen. Bei den Angeboten **Wellness aktiv – Freude an der Bewegung** und **Entspannung für Körper und Seele** ist dagegen ein Stuhlhalbkreis empfehlenswert.

Wenn Sie Bewegungsabläufe vormachen, ist es wichtig, dass alle Teilnehmer Sie gut sehen können und ausreichend Bewegungsfreiheit haben.

Das Karten-Set in der Gruppenbetreuung

Einzeln können Sie die Idee, die auf einer Karte dargestellt ist, für **kurze Wellness-Pausen** von rund 10 Minuten nutzen. Wenn Sie gemeinsam mit den Teilnehmern die Pflegeprodukte, Getränke oder Snacks herstellen, ist diese Zeit extra hinzuzurechnen. Wie lange Sie gemeinsam zur Herstellung brauchen, hat wesentlich mit der Zusammensetzung der Gruppe zu tun und kann nicht pauschal abgeschätzt werden. Die **Gruppengröße** hängt ebenfalls von den Ressourcen Ihrer Teilnehmer ab. Manchmal ist es mit vier Personen schon zu unruhig, manchmal sind acht Teilnehmer möglich.

Sie können die Ideen mehrerer Karten prima zu **Wellness-Programmen** von rund einer Stunde kombinieren – Ideen für solche Kombinationen finden Sie auf Seite 13/14 in diesem Begleitheft. Die kleinen Wellness-Programme sind übrigens auch sehr gut für **Angehörigennachmittage** geeignet – sie ermöglichen eine andere Art der Begegnung und bieten bestenfalls auch Angehörigen Entspannung.

TIPP → Wenn Sie die Angebote aus dem Bereich **Selbstgemachtes für die Körperpflege** in der Gruppe anbieten, sollten genügend Handtücher (alternativ Schürzen) zum Schutz der Kleidung zur Verfügung stehen.

Das Karten-Set in der Einzelbetreuung

Mit den Ideen aus dem Bereich **Selbstgemachtes für die Körperpflege** können Sie in der Einzelbetreuung außergewöhnliche Wohlfühlmomente schaffen. Denn tatsächlich bietet sich hier die Möglichkeit, Ihren Teilnehmern eine **Verwöhn-Oase** nach dem Vorbild eines Schönheitssalons zu gestalten. Im Folgenden finden Sie einen **Beispielablauf** (Dauer 20 bis 30 Minuten).

Eine Liege mit Handtuch und ein Stuhl für Sie, der hinter der Liege steht, gehören zur **Grundausstattung**. Außerdem ist eine Decke für den Teilnehmer vorzusehen, damit dieser nicht auskühlt. Im Bereich des Oberkörpers schützt ein Handtuch die Decke vor Verschmutzung – Handtücher und warmes Wasser in einer Schüssel gilt es, generell griffbereit zu halten.

HINWEIS → Kündigen Sie jeden Schritt an – zu Beginn der Behandlung leiten Sie ganz allgemein ein: „Sie dürfen sich jetzt entspannen. Machen Sie gern Ihre Augen zu." Dann erläutern Sie die Anwendung: „Ich reinige Ihr Gesicht nun mit Wasser und einer Waschlotion ..."

Schritt 1: Reinigung des Gesichts mit warmem Wasser und Waschlotion

Gehen Sie bei der Reinigung des Gesichts behutsam und vorsichtig vor, die Haare werden sanft aus dem Gesicht gestrichen. Tupfen Sie vorsichtig mit einem Waschlappen mit etwas **pH-hautneutraler Waschlotion** (pH-Wert 5,5) und angenehm warmem Wasser über das Gesicht. Nehmen Sie danach vorsichtig die Waschlotion mit einem Waschlappen ab und tupfen Sie das Gesicht mit einem sauberen Handtuch trocken.

Optional kann nach der Reinigung auch ein **Peeling** aufgetragen werden, Sie finden auf der Karte 2 das Rezept für ein **feuchtigkeitsspendendes Gurkenpeeling.**

Schritt 2: Die Gesichtsmaske auftragen

Nun wird die Gesichtshaut mit einer Maske gepflegt, auf der Karte 3 gibt es ein Rezept für eine **reichhaltige Avocado-Maske.** Tragen Sie die Maske vorsichtig auf die Haut des Teilnehmers auf. Die Maske kann bis zu 15 Minuten auf der Haut bleiben. Während sie einwirkt, machen Sie mit dem nächsten Schritt, einer Arm- und Handmassage, weiter.

Schritt 3: Die Arm- und Handmassage

Für die Massagen wird das **pflegende Körperöl** von Karte 5, die **Massagecreme mit Sheabutter** von Karte 7 oder ein gekauftes Öl, idealerweise ein Mandelöl (süß), verwendet. Dieses eignet sich gut für empfindliche Haut. Das gewählte Öl sollte vorab abgesprochen und dokumentiert werden.

Die **Armmassage** führen Sie so weit durch, wie Sie den Arm freilegen können, ohne dass die zurückgeschobene Kleidung drückt. Sie massieren von oben nach unten und wenden verschiedene Massagearten an:

- die **Fingermassage,** bei der Sie mit Zeige-, Mittel- und Ringfinger einen Muskel lockern,
- die **Daumen-Zeigefinger-Massage,** bei der Sie mit mehr Feingefühl auf Verspannungen im Muskel eingehen können,
- die **Knöchelmassage,** bei der die Hand locker zur Faust geballt wird, sodass Sie mit den Fingerknöcheln sanft über die Haut fahren können.

Bei der **Handmassage** beginnen Sie die Massage in der Handfläche und auf dem Handrücken, dann kneten Sie jeden Finger einzeln und massieren vom Gelenk zu den Fingerspitzen. Zum Abschluss mit einem kleinen Handtuch überschüssiges Öl abnehmen.

Schritt 4: Abschließende Massage

Nun nehmen Sie die **Gesichtsmaske** mit dem Waschlappen und warmem Wasser in sanften Bewegungen ab. Tupfen Sie das Gesicht trocken. Dann massieren Sie noch den **Nacken** und die **Schultern,** falls es für Ihren Teilnehmer angenehm ist.

TIPP → Tragen Sie zur Hautpflege abschließend noch eine Gesichtscreme für sensible Haut aus der Drogerie auf.

Wellnessprogramm-Ideen

Es bietet sich an, die Ideen der einzelnen Karten so miteinander zu kombinieren, dass etwa einstündige Programme entstehen.

Thema: Das Gesund-und-schön-Programm zum Genießen

→ Zum Trinken steht **Aromawasser mit Früchten oder Kräutern** (Karte 9) oder **Wasser mit Fruchteiswürfeln und Co.** (Karte 10) bereit.
→ Stellen Sie genügend Handtücher zur Verfügung. → Das Schönheitsprogramm startet mit dem Reinigen der Haut, dafür werden die **selbst gemachten Feuchttücher** (Karte 8) benutzt.
→ Im Anschluss kommt die **reichhaltige Avocado-Maske** (Karte 3). → Dann steht eine Stärkung in Form des **grünen Smoothies** (Karte 13) auf dem Programm bzw. auf dem Tisch. → Zum Abschluss kann dann noch die **Reise durch den Körper** (Karte 27) durchgeführt werden.

Thema: Entspannung auf asiatische Art

→ Zum Trinken steht **Aromawasser mit Früchten oder Kräutern** (Karte 9) oder **Wasser mit Fruchteiswürfeln und Co.** (Karte 10) bereit.
→ Zur Anfangsentspannung führen alle die angeleitete *Atemübung* **Reise ans Meer** (Karte 24) durch. → Danach wird gemeinsam das **Kurz-Qigong im Sitzen** (Karte 17) geübt, wobei direkt an das Qigong noch die *Bewegungsübung* **Baum im Wind** (Karte 23) angeschlossen wird. → Dann ist es Zeit für ein geselliges Miteinander, dafür wird das **Zitronensorbet** (Karte 12) serviert. → Die *Achtsamkeitsübung* **Die liebevolle Güte** (Karte 29) bietet einen wohltuenden Ausklang aus diesem Entspannungsprogramm.

Thema: Wohlbefinden für die Hände

→ Zum Trinken steht **Aromawasser mit Früchten oder Kräutern** (Karte 9) oder **Wasser mit Frucht-eiswürfeln und Co.** (Karte 10) bereit. → Nach einer Zeit des Ankommens beginnt die Entspannung mit dem **Hand-Kleopatra-Bad** (Karte 6). Die Hände werden durch dieses aufgewärmt und gelockert. → Dann wird die **Körpermassage mit dem Igelball** (Karte 18) praktiziert. → Anschließend geht es mit gereinigten Händen zum Naschen – die **Müsli-Energiekugeln** (Karte 15) passen hierfür bestens, es können aber in der warmen Jahreszeit auch prima die **geeisten Melonen** (Karte 11) angeboten werden. → Den nächsten Wohlfühlpunkt stellt die Handmassage mit dem **pflegenden Körperöl** dar (Karte 5, zur Handmassage Seite 12 im Begleit-heft). Zum Abschluss gibt es noch die *Finger-entspannung* **Tanz der Finger** (Karte 25).

Thema: Wellness mit den Heilkräften der Natur

→ Zum Trinken steht **Aromawasser mit Kräutern** (Karte 9) oder **Wasser mit Kräutereiswürfeln** (Karte 10) bereit. → Zum Warmwerden geht es mit den **Übungen für Venen und Co.** (Karte 21) los, dann mobilisiert die **Energiedusche** (Karte 22) auch den Oberkörper. → Nach dem „Duschen" wird die **Massagecreme mit Sheabutter** (Karte 7) genutzt, um **Unterarme und Hände** zu pflegen und zu **massieren** (Seite 11/12 in diesem Begleit-heft). → Mit gereinigten Händen (Feuchttücher oder warmes Wasser und Küchentücher leisten hier gute Dienste) kann es an den **Kräuterquark mit Crackern** (Karte 14) gehen. → Zum Abschluss gibt es für alle die *Fantasiereise* **Die Bergwiese** (Karte 28).

Wichtige Hinweise

Bitte beachten: Kosmetik

- **Die Herstellung von Kosmetik:** Hygiene ist das A und O, wenn im Bereich Kosmetik etwas selbst gemacht wird. Das bedeutet, dass alle verwendeten **Schüsseln, Töpfe, Bestecke** etc. absolut sauber und mit kochendem Wasser gereinigt sein müssen. Arbeiten Sie auf einer gereinigten und mit frisch gewaschenen Geschirrtüchern ausgelegten **Arbeitsfläche.** Waschen Sie Ihre **Hände** und füllen Sie die selbst gemachten Cremes, Öle und Co. nur in zuvor mit kochend heißem Wasser ausgespülte **Behältnisse** zur Aufbewahrung.
- **Haltbarkeit und Lagerung von Kosmetik:** Lagern Sie die selbst hergestellte Kosmetik im **Kühlschrank.** Wie lang diese haltbar ist, hängt auch wesentlich davon ab, ob bei der Herstellung wirklich umfassend auf die Hygiene geachtet wurde. Wenn Sie sehen, dass sich die **Konsistenz** der Kosmetik, die Farbe oder der Geruch ändern, gilt es, die Kosmetik zu entsorgen.
- **Reaktionen der Haut:** Allergische Reaktionen und Hautirritationen sind zwar bei selbst gemachten, naturkosmetischen Produkten seltener als bei gekauften, können aber dennoch auftreten. **Rötungen, Ausschlag, Bläschen** und **Quaddeln** sind typische Formen, die sich oft zeitverzögert zeigen.

Bitte beachten: Lebensmittel

- Wenn Sie gemeinsam mit Ihren Teilnehmern Lebensmittel verarbeiten, sind gut **gewaschene Hände** und eine **saubere Arbeitsfläche** unabdingbare Grundvoraussetzungen.
- Haben Sie zudem einen Blick auf die Kleidung der Teilnehmer, am besten verteilen Sie frisch gewaschene **Schürzen.**

- Halten Sie **Handtücher** oder **Küchentücher** zum Abwischen der Hände in ausreichender Menge bereit, sodass die Teilnehmer jederzeit ein Tuch greifen können.
- Sollten Lebensmittel von Teilnehmern nicht hygienisch genug behandelt werden, so entfernen Sie die Lebensmittel unauffällig vor der weiteren Verarbeitung.
- Personen, bei denen der Verdacht einer **Infektion** besteht, dürfen an der gemeinsamen Zubereitung nicht teilnehmen. Dies gilt auch für Personen mit **Wunden** oder **Verletzungen** im Bereich der Hände.

Bitte beachten: Bewegungsübungen

- Bei den Bewegungsübungen ist es wichtig, dass bei den Teilnehmern keine medizinischen Gründe gegen eine Teilnahme sprechen.
- Damit alle Teilnehmer Sie und Sie alle Teilnehmer sehen können, sollten Ihre Teilnehmer in einem Halbkreis sitzen. Machen Sie die Bewegungen deutlich und langsam vor/mit.
- Legen Sie Pausen ein und weisen Sie die Teilnehmer auf das Ein- und Ausatmen hin. Der Atem soll nicht angehalten werden.

Bitte beachten: Entspannungsangebote

- Teilnehmer, die schlecht hören, sollten in Ihrer Nähe einen Platz erhalten. So können sie Ihre Stimme besser wahrnehmen.
- Sprechen Sie laut und deutlich. Gleichzeitig sollte Ihre Stimme entspannt klingen und Ruhe ausstrahlen. Lassen Sie sich viel Zeit beim Sprechen der Texte.

HINWEIS → Bei Angeboten im Bereich „Wellness" kommt es oft zu Berührungen. Fragen Sie immer, ehe Sie jemanden berühren.

Karte auswählen – Wohlfühlidee umsetzen – Auszeit genießen!

Mit diesen kleinen **Wellness-Angeboten speziell für Senioren** ist Entspannung garantiert. Laden Sie Ihre Senioren mit den Ideen aus folgenden Bereichen zu einer **bewussten Erholungspause** ein:

- Selbstgemachtes für die Körperpflege
- Wellness-Genuss zum Essen und Trinken
- Wellness aktiv – Freude an der Bewegung
- Entspannung für Körper und Seele

So zaubern Sie Ihren Senioren **einfach und kostengünstig** eine persönliche Wellness-Oase – im Pflegeheim und zu Hause.

9 783834 641441

www.verlagruhr.de

Verlag an der Ruhr

Farbkino *(Fantasiereise)*

Entspannung für Körper und Seele

Farbkino

Farben haben Einfluss darauf, wie es uns geht. Genau diese Wirkung wird einem eigentlich schon bewusst, wenn man sich vorstellt, dass es keine Farben gäbe. Deswegen gehen Sie mit Ihren Teilnehmern auf eine Gedankenreise in eine bunte Welt. Lesen Sie den folgenden Text langsam und mit ruhiger Stimme vor.

So geht's

„Heute steht eine Farbreise an ... Wie das möglich ist? ... Das geht mithilfe Ihrer Vorstellungskraft ... In Gedanken begegnen Sie den wundervollsten Farben ... Schließen Sie, wenn Sie mögen, die Augen ... Atmen Sie durch die Nase ein ... und atmen Sie wieder aus ... Atmen Sie tief ein ... und atmen Sie wieder aus ... Und jetzt stellen Sie sich vor, Sie stehen auf einer riesigen, grünen Wiese ... Über dem Grün der Wiese tanzen ein paar helle Schmetterlinge ... Die Luft ist frühlingshaft klar ... Sie atmen tief durch die Nase ein ... und atmen wieder aus ... Atmen ein ... und wieder aus ... Ihr Blick geht nach oben zum Himmel ... Er ist blau ... himmelblau ... Ein paar kleine, weiße Wölkchen sind im Blau des Himmels zu sehen ... Die Luft ist klar ... Wie schön dieser Fleck Erde ist ... Sie atmen tief durch die Nase ein ... und atmen wieder aus ... Jetzt drehen Sie sich um und schauen in die andere Richtung ... Vor sich sehen Sie ein herrliches Gelb – Rapsgelb ... Ein riesiges Feld in Gelb liegt vor Ihnen ... Der Raps leuchtet wie die Sonne ... Die Luft ist klar ... Sie atmen tief durch die Nase ein ... und atmen wieder aus ... Nun verabschieden Sie sich von dem Ort und reisen in Ihren Gedanken zurück ... Sie kommen hier in diesem Raum an ... Schütteln Sie Ihre Arme und Beine locker aus ... Sie fühlen sich frisch und entspannt ... Öffnen Sie Ihre Augen ..."

Reise durch den Körper *(Fantasiereise)*

Entspannung für Körper und Seele

Reise durch den Körper

Durch seinen Körper zu reisen, das ist eine klassische Entspannungsübung. Lesen Sie den folgenden Text langsam und mit ruhiger Stimme vor. Machen Sie nach der Nennung eines Körperteils jeweils eine ausreichend lange Pause, damit Ihre Teilnehmer in dieses hineinspüren können.

So geht's

„Machen Sie es sich gemütlich ... Legen Sie Ihre Arme bequem ab ... Stellen Sie Ihre Füße gerade auf dem Boden auf ... Schließen Sie Ihre Augen ... Spüren Sie den Stuhl, auf dem Sie sitzen ... Spüren Sie, wo Ihre Arme aufliegen ... Spüren Sie in Ihre Füße hinein ... Wo haben die Füße Kontakt zum Boden? ... Wie fühlen sich die Füße an? ... Wandern Sie mit Ihrer Aufmerksamkeit die Beine hinauf ... über die Unterschenkel ... die Knie ... die Oberschenkel ... Gehen Sie über die Hüfte ... weiter zum Bauch ... dann zum Brustkorb ... zum Rücken ... Wie fühlt sich Ihr Rumpf an? ... Wandern Sie mit Ihrer Aufmerksamkeit in Ihre rechte Hand ... den rechten Unterarm ... den rechten Oberarm ... Richten Sie Ihre Aufmerksamkeit auf die linke Hand ... den linken Unterarm ... den linken Oberarm ... auf beide Arme ... Nun spüren Sie Ihre Schultern ... den Nacken hinauf zum Kopf ... Spüren Sie Ihre Stirn ... Diese ist kühl und entspannt ... Dann gehen Sie zu Ihren Augenlidern ... Wandern die Nase hinunter ... Spüren Sie, wie der Atem in die Nase hinein- und wieder hinausströmt ... Wandern Sie zu Ihren Lippen ... Gehen Sie zu den Wangen ... Ihr Kiefer ist ganz entspannt ... Sie sind ruhig und entspannt ... Sie atmen ein und Sie atmen aus ... Nun kehren Sie langsam in diesen Raum zurück ... Sie bewegen Ihre Beine ... Ihre Arme ... ballen die Fäuste ... rekeln und strecken sich ... Schütteln Sie Ihre Arme und Beine locker aus ... Sie fühlen sich frisch und entspannt ... Öffnen Sie Ihre Augen ..."

Die Bergwiese *(Fantasiereise)*

Entspannung für Körper und Seele

Die Bergwiese

Fantasiereisen zu idyllischen Orten sind eine gute Methode der Entspannung. Lesen Sie den folgenden Text langsam und mit ruhiger Stimme vor.

So geht's

„Setzen Sie sich bequem auf Ihren Stuhl ... Ihre Beine sind hüftbreit auseinander ... Die Füße stehen fest auf dem Boden ... Ihre Arme sind locker ... Ihre Hände liegen bequem im Schoß ... Sie atmen ein ... Sie atmen aus ... Sie fühlen sich ruhig und entspannt ... Schließen Sie, wenn Sie mögen, Ihre Augen ... Sie atmen ein ... und wieder aus (einige Male wiederholen) ... Nun gehen Sie zu einer wunderschönen Bergwiese ... Das Gras ist frischgrün, es leuchtet im warmen Sonnenschein ... Sie sehen leuchtende Blumen, der Duft strömt in Ihre Nase ... Sie schauen sich um, wie herrlich die Blütenpracht über die Wiese gestreut ist ... Jede Blume ist prachtvoll, jede Blume ist schön ... Sie genießen die Aussicht von der Bergwiese ... Vom blauen Himmel scheint die Sonne herab ... Weiße Wolken ziehen langsam dahin ... Gibt es auf der Wiese einen Platz, der Sie besonders anspricht? ... Dann gehen Sie dorthin ... Schauen Sie sich um ... Welche Blumen stehen hier? ... Lassen Sie Ihren Blick wandern ... Sie fühlen die sanfte Wärme der Sonne auf Ihren Armen ... Sie fühlen sich wohl an diesem Platz ... Sie fühlen sich geborgen ... Sie atmen die Bergluft ein und aus ... Sie atmen ein ... und wieder aus (einige Male wiederholen) ... Nun kehren Sie langsam aus Ihrer Fantasie zurück in diesen Raum ... Bewegen und lockern Sie Arme und Beine ... Ballen Sie Ihre Fäuste ... Rekeln und strecken Sie sich ... Schütteln Sie Ihre Arme und Beine locker aus ... Öffnen Sie Ihre Augen ... Schauen Sie sich um ... Atmen Sie tief ein ... und aus ... Sie fühlen sich wach, frisch und entspannt ..."

Die liebevolle Güte *(Achtsamkeitsübung)*

Die liebevolle Güte

Achtsamkeit – das ist ein großes Thema der Zeit, denn viele Menschen sind mit ihren Gedanken anderswo als bei dem, was im Moment geschieht. Doch nur im gegenwärtigen Augenblick findet Leben statt. Auch für Ältere ist es entscheidend, im Hier und Jetzt ruhiger zu werden. Entspannung finden, sich etwas Gutes tun – dabei kann die Achtsamkeitsübung „Liebevolle Güte" helfen. Lesen Sie den folgenden Text langsam und mit ruhiger Stimme vor.

So geht's

„Setzen Sie sich bequem auf Ihren Stuhl ... Ihre Beine sind hüftbreit auseinander ... Die Füße stehen auf dem Boden auf ... Ihre Arme sind locker ... Ihre Hände liegen bequem im Schoß ... Schließen Sie, wenn Sie mögen, Ihre Augen ... Zu Beginn konzentrieren Sie sich auf Ihren Atem ... Der Atem strömt durch Ihre Nase ein ... und wieder aus ... Sie nehmen das wahr ... Sie atmen ein ... die Luft strömt ... Sie atmen aus ... (5- bis 10-mal wiederholen). Stellen Sie sich einen anderen Menschen vor ... jemanden, den Sie mögen ... Denken Sie an die Person ... Stellen Sie sich die Person vor und denken Sie fest an folgenden Satz: ‚Möge es dir gut gehen!' ... Dann denken Sie fest an die folgenden Worte: ‚Mögest du glücklich sein!' ... Zum Schluss denken Sie intensiv: ‚Mögest du in Freude leben!' ... Jetzt lassen Sie die Person in Ihren Gedanken los und denken an sich ... Denken Sie fest an sich und auch an folgenden Satz: ‚Möge es mir gut gehen!' ... Dann denken Sie ebenso fest an die folgenden Worte: ‚Möge ich glücklich sein!' ... Und zum Schluss denken Sie intensiv: ‚Möge ich in Freude leben!'... Atmen Sie tief ein und aus ... und kehren Sie zurück in diesen Raum ... Öffnen Sie die Augen ... Schütteln Sie Ihre Arme und Beine locker aus ... Sie fühlen sich frisch und entspannt ..."

Wenn Sie das Wellness-Angebot immer mit den gleichen Worten beginnen und abschließen, schaffen Sie Vertrautheit und helfen Ihren Teilnehmern beim Ankommen und dabei, aus dem Angebot herauszugehen. Sie können auch eine bestimmte Entspannungsmusik spielen, wenn die Teilnehmer ankommen – die Musik ist dann ebenfalls eine vertraute Einstiegshilfe in die Entspannung.

Beispielbegrüßung

„Herzlich willkommen. Ich freue mich, dass Sie in diese Runde gekommen sind! Heute geht es wieder darum, dass Sie sich etwas Gutes tun. Darum, dass Sie entspannen und sich wohlfühlen. Setzen Sie sich gemütlich hin. Heute werden wir zusammen ..."

Beispielverabschiedung

„Vielen Dank, dass Sie heute gekommen sind. Zum Abschluss atmen Sie einmal tief ein ... einmal tief aus ... tief ein ... tief aus ... und ein drittes Mal tief ein ... und tief aus. Jetzt gehen Sie entspannt in den restlichen Tag."

Über die Autorin

Melanie Schölzke hat einen Magister in Soziologie und lange Zeit als Lektorin in Verlagen gearbeitet. 2011 hat sie noch einmal begonnen, zu studieren, und inzwischen ihren Abschluss als Master of Science Integrierte Gerontologie gemacht. Melanie Schölzke ist bei ihren Großeltern aufgewachsen und kennt die Potenziale, aber auch die Herausforderungen fortgeschrittener Lebensjahre. Heute ist sie selbstständig mit „Unternehmen Altern".

Karte auswählen – Wohlfühlidee umsetzen – Auszeit genießen!

Mit diesen kleinen **Wellness-Angeboten speziell für Senioren** ist Entspannung garantiert. Laden Sie Ihre Senioren mit den Ideen aus folgenden Bereichen zu einer **bewussten Erholungspause** ein:

- Selbstgemachtes für die Körperpflege
- Wellness-Genuss zum Essen und Trinken
- Wellness aktiv – Freude an der Bewegung
- Entspannung für Körper und Seele

So zaubern Sie Ihren Senioren **einfach und kostengünstig** eine persönliche Wellness-Oase – im Pflegeheim und zu Hause.

9 783834 641441

www.verlagruhr.de

Verlag an der Ruhr

Wellness für Senioren

Karten-Set mit Wohlfühlideen für die Altenpflege

Melanie Schölzke

Impressum

Titel
Wellness für Senioren
Karten-Set mit Wohlfühlideen für die Altenpflege

Autorin
Melanie Schölzke

Umschlagmotive
einzelne Lilie: © New Africa, Saunautensilien: © fotostuttgart – beide Fotolia.com

Kapitel-Icons
© EveeKamp – Shutterstock.com

Druck
Druckzone GmbH & Co KG, Cottbus, DE

Verlag an der Ruhr
Mülheim an der Ruhr
www.verlagruhr.de

ISBN 978-3-8346-4144-1

Übersicht der Karten

Selbstgemachtes für die Körperpflege

Wellness-Genuss zum Essen und Trinken

Wellness aktiv – Freude an der Bewegung

Entspannung für Körper und Seele

Wichtiger Hinweis

Die Inhalte im Karten-Set sind von der Autorin mit großer Sorgfalt erarbeitet und ausgewählt worden, stellen jedoch keine therapeutischen Maßnahmen dar. Nehmen Sie dennoch eine genaue Prüfung entsprechend Ihrer Situation vor und wägen verantwortungsvoll ab, welche Angebote Sie mit welchen Personen umsetzen. Wenn Unsicherheiten oder bereits bestehende Erkrankungen/Allergien vorliegen, klären Sie die Anwendung mit der Pflegedienstleitung oder dem behandelnden Arzt ab.

Die Autorin und der Verlag übernehmen weder für die Aktualität, Korrektheit und Vollständigkeit der bereitgestellten Inhalte eine Gewähr noch dafür, dass diese für Ihren individuellen Einzelfall geeignet und ausreichend sind. Alle Inhalte dienen ausschließlich der Information, ebenso wie deren Umsetzung ausschließlich in eigener Verantwortung des Anwenders erfolgt.

Reinigendes Rosenwasser

Selbstgemachtes für die Körperpflege

Reinigendes Rosenwasser

Bei Wellnessanwendungen geht es einerseits um Gesundheit und Wohlbefinden, andererseits geht es aber auch um Bedeutsamkeit, darum, wichtig und wertvoll zu sein. Deswegen können bei Wellness-Anwendungen auch gern „wertvolle" Zutaten verwendet werden, wobei diese gar nicht teuer sein müssen. Ein Rosenwasser wirkt edel und kann preisgünstig selbst hergestellt werden. Auf die Haut wirkt Rosenwasser beruhigend, es ist gut für den Feuchtigkeitshaushalt und die Durchblutung. Der Rosenduft hilft zudem gegen Nervosität. Das Rosenwasser wird mit Wattepads wie ein Gesichtswasser angewendet.

Zutaten

- 2-mal 4 Handvoll Rosenblätter von ungespritzten Rosen vom Bio-Bauern, aus dem Blumenhandel oder dem Garten (entspricht 2-mal etwa 150 g)
- 1 l destilliertes Wasser

So geht's

- Von den vier Handvoll Rosenblättern die weißen Blütenansätze entfernen, da diese Bitterstoffe enthalten. Diese Rosenblätter in einen Topf geben und mit lauwarmem Wasser übergießen. Zugedeckt zwei Tage ziehen lassen.
- Das Rosen-Wasser-Gemisch durch ein Sieb geben, das Wasser in einem Topf auffangen und lauwarm erhitzen.
- Die restlichen Rosenblätter von den weißen Blütenansätzen befreien, in einen Topf geben und mit dem lauwarmem Wasser übergießen.
- Abgedeckt zwei Tage ziehen lassen. Dann das Wasser abseihen und in eine dunkle Flasche abfüllen. In einem sauberen Gefäß kühl gelagert, ist das Rosenwasser etwa ein halbes Jahr haltbar.

Feuchtigkeitsspendendes Gurkenpeeling

Feuchtigkeitsspendendes Gurkenpeeling

Dass Gurken der Haut guttun, ist alles andere als ein Geheimnis – im Gegenteil: Sich Gurkenscheiben auf die Haut zu legen, das ist einer der altbekanntesten Schönheitstricks überhaupt. Bestimmt kennen auch Ihre Teilnehmer dieses Vorgehen. Gurken spenden der Haut viel Feuchtigkeit, außerdem die Vitamine A und C. Gurken sind wirkungsvoll gegen Hautreizungen und Entzündungen. Enzyme in den Gurken regen die Hauterneuerung an. Weil sich in der Gurkenschale wertvolle Nährstoffe befinden, sollten Sie die Gurke komplett verarbeiten.

Zutaten

- ½ Gurke (etwa 100 g), ungeschält und gewaschen
- 250 g feiner Zucker
- 2 EL Öl, z. B. Olivenöl

So geht's

- Die Gurke in Stücke schneiden und in einen Mixer geben. Dem Gurkenpüree Zucker und Öl hinzufügen und alles miteinander vermischen.
- Das fertige Zucker-Öl-Gurken-Peeling auf der gereinigten und noch feuchten Gesichtshaut anwenden, diese damit etwa zwei Minuten in kreisenden Bewegungen sanft massieren.
- Das Gesicht gründlich mit warmem Wasser reinigen und vorsichtig abtupfen.

HINWEIS → Ein Peeling sollte maximal einmal die Woche auf gereinigter Haut angewendet werden – zum Reinigen können die **selbst gemachten Feuchttücher** von Karte 8 verwendet werden. Das Peeling sollte am besten direkt vor der Verwendung angemischt werden, damit die Nährstoffe optimal zum Einsatz kommen.

Reichhaltige Avocado-Maske

3

Selbstgemachtes für die Körperpflege

Reichhaltige Avocado-Maske

Schönheitsmasken bleiben eine Weile auf der Haut und wirken dadurch sehr intensiv. Für die Haut älterer Menschen sind sie ideal, denn diese ist im Laufe des Lebens trockener und dünner geworden und benötigt Feuchtigkeit und Nährstoffe in höherem Maße als junge Haut. In dieser Maske sind Avocado, Joghurt und Honig enthalten. Dadurch besitzt sie viele Vitamine und Mineralien – sie ist ein reichhaltiger Feuchtigkeitsspender, dazu kommt ein hoher Fettgehalt für eine elastische Haut. Beim Zubereiten der Maske können Ihnen die Teilnehmer helfen. Da die zubereitete Avocado rasch braun wird, sollte die Maske direkt vor der Anwendung hergestellt werden.

Zutaten *(pro Teilnehmer)*

- ½ Avocado (reif)
- 2 EL Naturjoghurt
- 1 TL Honig

So geht's

- Die Avocado schälen, den Kern entfernen und das Fruchtfleisch in einer Schüssel mit einer Gabel zerdrücken.
- Das Fruchtfleisch mit dem Naturjoghurt und einen Teelöffel Honig mischen.
- Die Maske auf das gereinigte Gesicht auftragen, dabei Mundbereich und Augenpartien aussparen. Bis zu 15 Minuten einwirken lassen, dann mit Kosmetiktüchern und lauwarmem Wasser entfernen. Haut mit einem Handtuch trocken tupfen.

HINWEIS → Vor dem Anwenden der Maske muss die Haut gereinigt werden. Dafür können die Teilnehmer die **selbst gemachten Feuchttücher** von Karte 8 verwenden oder auch warmes Wasser und eine pH-hautneutrale Waschlotion.

Lippenpflege mit Peeling und Balsam

Lippenpflege mit Peeling und Balsam

Bei diesem Pflegeprogramm werden die Lippen massiert, wodurch sich die Mundpartie entspannt.

Lippenpeeling *(Zutaten für 4 Teilnehmer)*

- 3 TL Olivenöl
- 2 TL Honig
- 2 TL braunen Zucker

So geht's

Die Zutaten in einer Schüssel vermischen. Die Teilnehmer massieren in leicht kreisenden Bewegungen das Peeling vorsichtig im Mundbereich ein. Dann wird es mit Küchentüchern und Wasser abgenommen und der Balsam kommt zum Einsatz.

Lippenbalsam *(Zutaten für 4 Teilnehmer)*

- 40 ml Mandelöl
- 20 g Bienenwachs
- 40 g Sheabutter oder Kakaobutter
- 4 kleine, leere Kosmetikdöschen

So geht's

- Erhitzen Sie in einem Topf eine kleine Menge Wasser für ein Wasserbad. Nehmen Sie ein großes Glas oder ein anderes Gefäß und stellen Sie es in das Wasser.
- Geben Sie in folgender Reihenfolge unter ständigem Rühren die Zutaten hinzu: Zuerst das Mandelöl, dann das Bienenwachs und zuletzt die Shea- oder Kakaobutter. Die Masse soll nicht wärmer als 70 Grad werden.
- Ist die Mischung sämig, können Sie den Balsam in die sauberen Döschen füllen und im Kühlschrank kühlen. Haltbar ist der Balsam etwa sechs Monate.

Pflegendes Körperöl

Selbstgemachtes für die Körperpflege

Pflegendes Körperöl

Aktiv etwas gegen körperliche Verspannungen tun, die Haut pflegen und der Seele Streicheleinheiten gönnen – aus gutem Grund gehören Massagen mit Ölen zu vielen Wellness-Programmen.
Für das Körperöl kann ganz einfach ein kalt gepresstes Öl aus der Küche verwendet werden. Wer es exotischer möchte, der kann zu Mandel- oder Jojobaöl greifen. Wichtig ist, dass Konsistenz und Geruch für die Teilnehmer und Sie angenehm sind. Getrocknete Kamillenblüten bieten sich als Zutat an, da sie die empfindliche, ältere Haut auf sanfte Weise pflegen.

Zutaten

- 250 ml kalt gepresstes Öl (z. B. Olivenöl)
- 25 g getrocknete Kamillenblüten oder Kamillentee

So geht's

- Das Öl in einem Wasserbad bei kleinster Stufe erhitzen, am besten wäre eine konstante Temperatur von 60 Grad.
- Die getrockneten Blüten in das Öl geben, gut einrühren und bei leichter Hitzezufuhr ein bis zwei Stunden ziehen lassen.
- Öl-Blüten-Gemisch durch einen Kaffeefilter geben und in ein sauberes Gefäß abfüllen.

TIPPS → Anstatt Kamille können Sie auch andere Heilpflanzen, wie Melisse, Sonnenhut oder Ringelblume verwenden. Hier muss nach dem Erhitzen die Mischung allerdings ein paar Tage ziehen. Sie sollten das Öl immer mal wieder schütteln, damit die Blüten von dem Öl bedeckt sind.

→ Mit dem Körperöl können die Hände, aber auch die Arme massiert werden. Zu den Massagetechniken gibt es im Begleitheft auf Seite 11/12 Infos.

Hand-Kleopatra-Bad

Selbstgemachtes für die Körperpflege

Hand-Kleopatra-Bad

Die sagenumwobene Kleopatra soll in Eselsmilch gebadet haben, um schön zu sein und schön zu bleiben. In Sachen Hautpflege ist das Baden in Milch tatsächlich eine gute Idee, denn in der Milch sind eine Vielzahl an Aufbau- und Pflegestoffen enthalten. Vor allem das Vitamin A und auch das Milchfett sind hier zu erwähnen, denn beide wirken sich positiv auf den Säureschutzmantel der Haut aus. Diese Wirkung haben generell Milch und Molke ebenso. Für trockene und raue Hände ist ein Milchbad eine hervorragende Idee. Überdies ist das Handbad warm, was Teilnehmern mit Hand- und Fingerarthrose besonders guttut, sofern keine akute Entzündung vorliegt.

Zutaten *(pro Teilnehmer)*

- 0,5 l Milch (3,5 % Fettgehalt)
- 3 EL Olivenöl (oder stattdessen Honig)
- 1 Schüssel, die genug Platz für die Hände bietet

So geht's

- Die Milch auf eine für die Hände angenehme Temperatur erhitzen.
- In der Schüssel die erwärmte Milch mit dem Olivenöl vermischen.
- In der warmen Milch-Öl-Mischung können die Teilnehmer die Hände für maximal zehn Minuten baden. Nach dem Bad sollten Sie die Hände gut abwaschen und trocken tupfen.

TIPP → Das Handbad kann auch mit einer Eigenmassage der Hände verbunden werden. Zu der Massage gibt es eine Anleitung im Begleitheft auf S. 11/12.

Massagecreme mit Sheabutter

7

Selbstgemachtes für die Körperpflege

Massagecreme mit Sheabutter

Die süßlich duftende Sheabutter wird aus den Nüssen des Karitébaums gewonnen. Sie enthält viele wertvolle Inhaltsstoffe, zaubert eine weiche, geschmeidige Haut und ist in zahlreichen Körperpflegeprodukten zu finden. Da sich Sheabutter leicht verarbeiten lässt, können Sie eine pflegende Massagecreme ganz einfach selbst herstellen, anstatt auf teure Produkte zurückzugreifen.

Zutaten

- 100 g Sheabutter
- 100 g Kakaobutter
- 5 g Kokosfett
- 5 g Mandelöl

So geht's

- Erhitzen Sie Sheabutter, Kakaobutter und Kokosfett im Wasserbad, bis alle Zutaten geschmolzen sind.
- Geben Sie das Mandelöl hinzu. Verrühren Sie alle Zutaten.
- Füllen Sie die Masse in ein zuvor heiß ausgespültes Schraubverschlussglas.
- Lassen Sie die Creme im Kühlschrank für ca. 30 Minuten erkalten. So erhält sie die richtige Konsistenz.

HINWEISE → Die Kakobutter sorgt für einen schokoladigen Duft, der zusätzlich die Sinne anregt.
→ Eine Anleitung für eine Arm- und Handmassage finden Sie im Begleitheft auf S. 11/12.

Selbst gemachte Feuchttücher

Selbst gemachte Feuchttücher

Diese Feuchttücher werden Ihnen in vielfacher Weise eine Hilfe sein. Für Ihre Teilnehmer sind sie gut zu handhaben. Sie können sie zum Reinigen des Gesichts, der Hände etc. verwenden, wenn kein warmes Wasser direkt zur Verfügung steht. Und da die Feuchttücher wiederverwendbar sind, lohnt sich die Arbeitsinvestition, denn auch der Umwelt sind die Tücher dienlicher als Einwegprodukte. Wenn Sie hübsch gemusterte Stoffe verwenden, haben die Feuchttücher zusätzlich eine dekorative Anmutung.

Material und Zutaten

(für etwa 15 Tücher)

- Stoffreste für die Tücher (z. B. in die Jahre gekommene Handtücher, Shirts und Hemden)
- 1 verschließbares Glas (oder Box) für die Tücher
- 200 ml Wasser
- 1 TL Kokosöl
- 1 Spritzer pH-hautneutrale Waschlotion

So geht's

- Kochen Sie das Wasser ab und lösen Sie darin das Kokosöl und die Waschlotion auf.
- Schneiden Sie die Stofftücher zu, beispielsweise auf die Größe 20 x 20 cm.
- Rollen oder falten Sie die Stofftücher und legen Sie sie in das Glas (oder die Box). Die Öl-Wasser-Mischung darüber gießen.
- Das Glas (oder die Box) verschließen und wenden, sodass sich die Flüssigkeit gut verteilt.
- Nun können Ihre Teilnehmer die Tücher gleich einmal ausprobieren. Über das Gesicht sollte sanft getupft werden. Stellen Sie ein Gefäß bereit, in das die benutzten Tücher kommen.

HINWEIS → In dem Glas (oder in der Box) können die selbst gemachten Tücher gut zwei Tage liegen.

Aromawasser mit Früchten oder Kräutern

Aromawasser mit Früchten und Kräutern

Wasser mit fruchtigem Geschmack oder mit Kräutergeschmack (auch als „Infused Water" bekannt) gibt es in vielen Varianten zu kaufen. In noch mehr Varianten können Sie es selbst herstellen. Das Tolle am Aromawasser ist, dass es zum Ausprobieren einlädt, dekorativ ist und dadurch auch älteren Menschen Lust aufs Trinken macht.

Zutaten

Für das Aromawasser können Sie, je nach Geschmack und Jahreszeit, gut gewaschene Bio-Früchte und Bio-Kräuter verwenden. Ein gute Faustformel bei 2 l Wasser sind zwei Handvoll Früchte.
Das abgebildete Wasser (2 l) enthält zwei Scheiben Ananas, eine Limette und einige Minzblättchen.
Weitere Ideen für Kombinationen: ◎ Beerenmischung und Basilikum ◎ Himbeeren und Zitrone ◎ Blaubeeren, Apfel und Himbeeren ◎ Gurkenscheiben, Zitrone und etwas Minze

TIPP → Lassen Sie Ihre Teilnehmer Vorschläge machen. Birnen oder Melonen sind beispielsweise auch lecker, ebenso Rosmarin oder Thymian.

So geht's

- Schneiden Sie die Früchte gemeinsam in Stücke oder Scheiben. Kräuter werden von den Stängeln gezupft. Obst und Kräuter in einen Krug o. Ä. geben.
- Alles mit Wasser aufgießen und die Mischung mindestens 30 Minuten durchziehen lassen. Besser sind einige Stunden im Kühlschank oder auch über Nacht, dann haben Vitamine, Antioxidantien und sekundären Pflanzenstoffe Zeit, sich im Wasser zu lösen.

Fruchteiswürfel und Co.

Fruchteiswürfel und Co.

Es ist denkbar einfach, Mineralwasser, Saftschorlen oder andere Getränke mit dekorativen Eiswürfeln aufzupeppen – auf unkomplizierte Weise entsteht ein hübsch anzusehender Wellnessdrink. Nach Lust und Laune oder Geschmack der Teilnehmer können Sie die Eiswürfel variieren, denn Früchte sind nur eine Möglichkeit – auch Kräuter- oder Smoothie-Eiswürfel kommen gut an.

Fruchteiswürfel

Besonders hübsch in Eiswürfeln sind Beeren, beispielsweise Himbeeren oder Blaubeeren. Legen Sie diese mit den Teilnehmern in die Eiswürfelform und gießen Sie Wasser darüber. Sie können zudem Minzblättchen hinzugeben, die dem Getränk dann noch eine besondere Geschmacksnote verleihen. Größere Früchte, wie Erdbeeren oder Ananas, gehen natürlich ebenfalls, diese werden dann in Stücke geschnitten. Die Eiswürfel im Tiefkühlschrank gefrieren lassen.

Kräutereiswürfel

Einen anderen Geschmack sprechen Kräuter, wie Thymian, Rosmarin, Basilikum oder die schon erwähnte Minze, an. Dafür die Blätter in die mit Wasser aufgefüllte Eiswürfelform legen.

Smoothie-Eiswürfel

Für einen intensiveren Fruchtgeschmack in den Getränken können Sie Obst auch pürieren und dann einfrieren. Dafür eignen sich Beeren, Pfirsich, Banane, Melone, Mango, Kiwi usw. Geben Sie gern ebenfalls ganze Kräuter hinzu. Sie können mit den Teilnehmern ganz frei Lieblingseiswürfel kombinieren. Der Fantasie sind keine Grenzen gesetzt.

Geeiste Melone

Wellness-Genuss zum Essen und Trinken

Geeiste Melone

Wassermelonen bestehen zu rund 95 Prozent aus Wasser, aber auch Honigmelonen haben z. B. noch einen Wasseranteil von rund 85 Prozent. Das macht Melonen zu einer besonders gesundheitsförderlichen Wellnessspeise, denn sie enthalten zudem Vitamine und Mineralstoffe. In geeister Form sind Melonen an warmen Tagen ein effektiver Durstlöscher. In kleinen Stückchen oder Bällchen ist die Melone für Ihre Teilnehmer handlich-praktisch.

Zutaten

- eine oder mehrere Sorten Melone

So geht's

- Halbieren Sie die Melone, um die Melone portionieren zu können. Wenn Sie einen Kugelausstecher, einen Eisportionierer oder auch einen Löffel nehmen, können Sie Melonenbällchen produzieren. Sie können aus Melonenscheiben, auch mithilfe von Ausstechern, schöne Formen gestalten. Oder Sie schneiden die Melone einfach in kleine Stücke. All dies natürlich gern mit Unterstützung Ihrer Teilnehmer.
- Geben Sie die Melonenstückchen für rund 30 Minuten ins Gefrierfach.

TIPP → Für „Geeiste Melone am Stiel" können Sie in die Melonenstückchen kleine Holzstiele hineinstecken. Wenn die Melonenhälfte sauber ausgehöhlt ist, ist sie auch wunderbar zum Servieren geeignet. Bis zu ihrem Gebrauch können Sie sie in den Kühlschrank stellen.

Zitronensorbet

Zitronensorbet

Eis ohne Eier und Sahne – das genau ist Sorbet. Sorbet ist leicht und erfrischend. In der Zitronenvariante mit leicht säuerlichem Geschmack spricht es viele Senioren an und tut auch etwas für die Speichelproduktion – eine zu geringe Speichelproduktion ist ein Problem, das viele Ältere haben. Zitronensorbet lässt einem im wahrsten Sinne das Wasser im Mund zusammenlaufen.

Zutaten *(für 4 Portionen)*

- 8 Bio-Zitronen
- 150 g feiner Zucker (evtl. ein für Diabetiker geeignetes Süßungsmittel verwenden)
- 250 ml Wasser
- einige Minzblättchen zum Dekorieren

So geht's

- Reiben Sie die Schale der Zitronen ab und pressen Sie die Zitronen aus. Hierbei können Ihnen die Teilnehmer helfen.
- Geben Sie die Zitronenschale, den Zucker und das Wasser in einen Topf und erhitzen Sie die Mischung vorsichtig. Rühren Sie die Mischung, sodass sich der Zucker auflöst, und geben Sie sie dann durch ein Sieb.
- Zur passierten Masse den Zitronensaft hinzufügen. Alles gut verrühren und dann in die Gefriertruhe stellen.
- In der Gefriertruhe braucht das Sorbet mindestens vier Stunden, wobei es stündlich mit der Gabel aufgelockert und gerührt werden muss.

TIPP → Natürlich können Sie das Sorbet auch in der Eismaschine zubereiten. Dann verkürzt sich die Zubereitungszeit auf rund 45 Minuten.

Grüner Smoothie

Grüner Smoothie

Smoothies in Gelb, Orange und Rot sieht man oft. Tatsächlich sind aber die grünen Smoothies die Gesundheitsgeheimwaffen – in grünem Blattgemüse sind in hohem Maße Vitalstoffe vorhanden.
In grünen Smoothies ist das Blattgemüse klein gehächselt und wird von Früchten ergänzt, sodass es mild und verdaulich wird. Für viele Ältere ist das lange Kauen von Salat ein Problem – auch dies ist bei grünen Smoothies kein Thema mehr.

Orangen-Smoothie *(für 4 Portionen)*

- 4 Orangen
- 2 Handvoll Kopfsalat (ca. 200 g)
- 500 ml Wasser

Bananen-Smoothie *(für 4 Portionen)*

- 4 Bananen
- 2 Handvoll Kopfsalat (ca. 200 g)
- 500 ml Wasser

Fruchtmix-Smoothie *(für 4 Portionen)*

- 2 Äpfel
- 4 Kiwi
- 2 Handvoll junger Spinat (ca. 200 g)
- 500 ml Wasser
- einige Spritzer Zitrone

So geht's

- Waschen Sie das Obst mit den Teilnehmern. Schälen Sie es bei Bedarf.
- Entfernen Sie nicht essbare Bestandteile und schneiden Sie großes Obst in Stücke.
- Waschen Sie das grüne Blattgemüse, lassen Sie es abtropfen und geben Sie es auf das Obst. Flüssigkeiten hinzufügen und auf niedriger Stufe den Mixer (alternativ Pürierstab) starten.

Kräuterquark mit Crackern

Kräuterquark mit Crackern

Kräuterquark mit Crackern ist eine tolle Stärkung für zwischendurch. Erstens ist der Quark erfrischend, zweitens spricht er auch diejenigen an, die es etwas würziger mögen. Drittens ist er leicht und macht trotzdem satt. Sie können den Quark gut zusammen mit Ihren Teilnehmern zubereiten. Klassischerweise werden beim Kräuterquark Schnittlauch, Dill und Petersilie verwendet. Wenn Sie variieren möchten, können Sie beispielsweise Lauchzwiebeln, Kresse, Kerbel oder Minze in den Quark geben.

Zutaten

- 500 g Magerquark
- 1 Bund Schnittlauch
- 1 Bund Dill
- 1 Bund Petersilie
- Mineralwasser
- Salz, Pfeffer und ein paar Spritzer Zitrone
- Cracker

So geht's

- Schneiden Sie den Schnittlauch, den Dill und die Petersilie klein – gern können Ihre Teilnehmer dies übernehmen.
- Geben Sie den Magerquark in eine Schüssel und schlagen Sie ihn mit einem Schuss Mineralwasser cremig auf.
- Rühren Sie die Kräuter unter und schmecken Sie den Quark mit Salz, Pfeffer und ein paar Spritzern Zitrone ab.

TIPP → Statt der Cracker können Sie Ihren Teilnehmern auch Brotstücke anbieten.

Müsli-Energiekugeln

Müsli-Energiekugeln

Nüsse, Haferflocken und Co. ergeben zusammen mit Honig und Banane eine ordentliche Portion an Energie, liefern Kraft für den Tag und eignen sich ideal als hochkalorischer Snack.

Zutaten *(für 4 Portionen)*

- 1 große Banane
- 100 g Haselnüsse (gemahlen)
- 100 g Mandeln (gemahlen)
- 200 g Haferflocken
- 50 g Kokosraspel
- 2 EL Honig
- 1 EL Kakao
- 1 EL Milch

HINWEIS → Achten Sie auf die Allergien Ihrer Teilnehmer, denn es sind verschiedene Nusssorten enthalten.

So geht's

- Zerdrücken Sie die Banane. Ihre Teilnehmer können diesen und die weiteren Schritte gern übernehmen.
- Nehmen Sie von den Kokosraspeln ein paar Esslöffel ab und stellen Sie sie zur Seite, in diesen wälzen Sie später die Müslikugeln.
- Vermengen Sie alle weiteren Zutaten mit der Banane. Eventuell fügen Sie noch Milch hinzu, wenn die Masse nicht weich genug ist, um schöne Kugeln daraus zu formen. Ist sie zu flüssig, geben Sie noch Nüsse oder Haferflocken bei.
- Die Kugeln in den Kokosflocken wälzen und in den Kühlschrank stellen. Wenn Sie die Kugeln luftdicht verpacken, sind sie einige Tage haltbar.

Kurz-Yoga im Sitzen

Wellness aktiv – Freude an der Bewegung

Kurz-Yoga im Sitzen

Gerade bei Älteren klappt das Praktizieren von Yoga gut, denn viele können sich auf das Sein im Hier und Jetzt einlassen. Wenn möglich, kombinieren Sie das Kurz-Yoga mit der Atemübung „Reise ans Meer" (Karte 24) als Anfangs- und der Fantasiereise „Reise durch den Körper" (Karte 27) als Endentspannung.

So geht's

Die Teilnehmer sitzen im Halbkreis aufrecht, die Beine hüftbreit aufgestellt.

Schultern lockern: Mit der Einatmung heben die Teilnehmer die Schultern an, mit der Ausatmung senken sie sie wieder. **8- bis 10-mal wiederholen.**

Hals und Schulter mobilisieren: Die Hände der Teilnehmer liegen im Schoß, einatmend drehen sie den Kopf nach links, ausatmend in die Mitte, einatmend dann nach rechts, anschließend wieder zurück in die Mitte. **8-mal wiederholen.**

Die Katze: Bei dieser Übung wird der Rücken wie ein Katzenbuckel geformt. Mit der Ausatmung rollen die Teilnehmer das Kinn zum Brustbein, Wirbel für Wirbel wird der Rücken rund gemacht, die Schulterblätter ziehen auseinander. Einige Male ein- und ausatmen. Mit der nächsten Einatmung Wirbel für Wirbel wieder aufrichten, das Kinn nach oben, das Brustbein nach vorn schieben. Wieder einige Male ein- und ausatmen. **8-mal wiederholen.**

Drehsitz: Die Teilnehmer richten sich auf und spannen den Bereich um den Bauchnabel an. Die rechte Hand kommt auf das linke Knie, die linke Hand links hinten auf den Stuhlsitz. Dann den Oberkörper nach rechts drehen und **8 Atemzüge lang halten.** Anschließend den Bewegungsablauf zur anderen Seite hin durchführen.

Zum Abschluss Arme, Beine und Oberkörper lockern.

Kurz-Qigong im Sitzen

Kurz-Qigong im Sitzen

Beim Qigong werden mithilfe von Gesundheitsübungen die Energieflüsse im Körper gefördert, Gelenke und Muskeln besser durchblutet und geschmeidiger.

So geht's

Einstiegsübung: Die Teilnehmer sitzen mittig auf den Stühlen und stellen die Beine hüftbreit auf. Beim Einatmen heben sie die Arme vor dem Oberkörper gestreckt bis auf Schulterhöhe an, beim Ausatmen senken sie sie bis auf Höhe des Nabels ab. Die wellenförmige Bewegung langsam und fließend durchführen. **6- bis 8-mal wiederholen.**

Den Oberkörper kreisen: Auf einem Stuhl sitzend, kreisen die Teilnehmer sanft den Oberkörper. Dabei atmen sie ruhig durch die Nase ein und aus. **6-mal in beide Richtungen kreisen.**

Der Adlerflug: Die Arme wie die Schwingen eines Adlers bewegen: Beim Einatmen seitlich anheben, ausatmend auf Höhe der Schultern wieder absenken. Wie beim Adler geht die Bewegung von den Schultern aus und setzt sich bis zu den Fingerspitzen in Wellenform fort. **6- bis 8-mal wiederholen.**

Die Wolken auseinanderschieben: Die Teilnehmer führen ihre Arme weit nach oben über den Kopf. Die Arme werden nun seitlich nach unten in einem großen Kreis bewegt. **6- bis 8-mal wiederholen.**

Die Mobilisation des Fußbereichs: Jede Bewegung wird abwechselnd rechts und links mit **6 bis 8 Wiederholungen durchgeführt:** ➔ Heben und Senken der Fersen ➔ Heben und Absetzen der Zehen und Zehenballen ➔ Verlagern des Gewichts auf eine Ferse

Zum Abschluss Arme, Beine und Oberkörper lockern.

Körpermassage mit dem Igelball

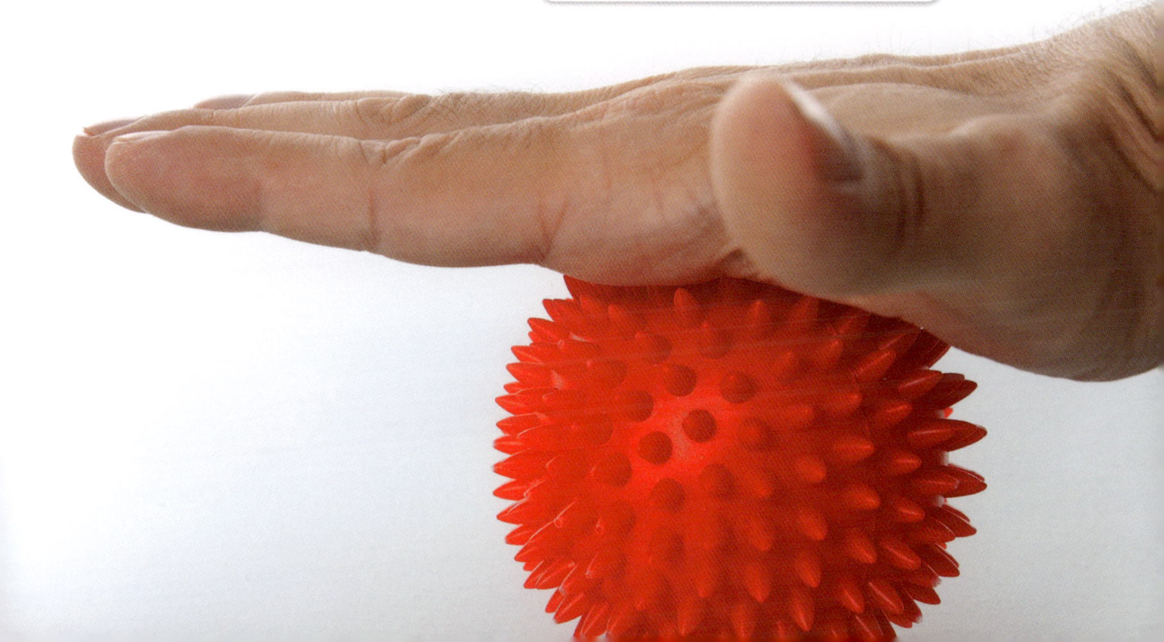

Körpermassage mit dem Igelball

Igelbälle sind für die Massage sehr wertvoll. Damit lassen sich die Durchblutung fördern und die Muskulatur lockern. Zudem wirkt die Massage anregend.

So geht's

Hand: Die Teilnehmer nehmen den Ball in beide Hände und rollen ihn hin und her. Dann kommt der Igelball in eine Hand, es wird in stärker werdendem Maße Druck auf ihn ausgeübt. Wer Probleme hat, den Ball zu halten, kann die andere Hand dazunehmen. **8-mal drücken, dann die Hand wechseln.**

Unterarm: Die Teilnehmer strecken einen Unterarm mit der Innenseite nach oben aus und rollen den Igelball mit der Hand des anderen Arms darüber – vom Handgelenk bis zur Schulter und wieder zurück. Damit der Ball nicht herunterfällt, muss etwas Druck auf diesen ausgeübt werden. **45 Sekunden** lang durchführen, dann ist **die andere Seite** dran.

Arm: Die Teilnehmer legen den Igelball auf die Schulter, die Hand liegt auf dem Ball und übt sanften Druck aus. Die Teilnehmer rollen den Ball in kreisenden Bewegungen über den Arm auf und ab – **pro Arm 45 Sekunden durchführen.**

Oberschenkel: Die Teilnehmer platzieren den Igelball auf einem Oberschenkel, eine Hand liegt auf und übt von oben sanften Druck aus. **45 Sekunden** lang bewegen die Teilnehmer den Ball in kleinen Kreisen über den Oberschenkel, dann **die Seite wechseln.**

Füße: Wenn Ihre Teilnehmer bereit sind, ihre Schuhe auszuziehen, können Sie mit dem Ball ein Venentraining vornehmen. Ball zwischen Fußsohle und Boden platzieren. Den Fuß so bewegen, dass der Ball vor- und zurückrollt. **45 Sekunden** durchführen, dann **die Seite wechseln.**

Zum Abschluss Arme, Beine und Oberkörper lockern.

Aktivierende Entspannungsübungen

Wellness aktiv – Freude an der Bewegung

Aktivierende Entspannungsübungen

Aus der Anspannung heraus ist es für viele Menschen einfacher, sich zu entspannen. Damit arbeitet die progressive Muskelentspannung. Auch in den aktivierenden Entspannungsübungen findet sich das Prinzip. Dafür sitzen die Teilnehmer im Halbkreis möglichst aufrecht auf ihren Stühlen, die Beine sind hüftbreit aufgestellt. Nach jeder Anspannung gilt es, nachzuspüren, wie sich die Entspannung anfühlt.

So geht's

Hände und Arme: Die Teilnehmer ballen mit einer Hand eine Faust, halten diese für **7 bis 10 Sekunden** – die Aufmerksamkeit lenken die Teilnehmer bewusst auf diese Hand. Dann die Hand locker lassen und entspannen. Anschließend ist die andere Hand dran und zuletzt beide Fäuste gleichzeitig.

Schultern: Mit der Einatmung heben die Teilnehmer die Schultern an, mit der Ausatmung senken sie sie wieder und entspannen. **8- bis 10-mal wiederholen.**

Rücken: Die Teilnehmer strecken die Arme nach oben. Dann ziehen sie den rechten Arm weiter nach oben, Spannung **7 bis 10 Sekunden** halten, Arme herunternehmen, lockern. Mit dem anderen Arm durchführen und abschließend mit beiden Armen.

Beine und Füße: Die Teilnehmer halten sich am Stuhl fest, heben ein Bein an, strecken es durch, ziehen Fuß und Zehen zum Körper. Ausatmend senken die Teilnehmer das Bein (ohne es abzustellen), einatmend wird es wieder angehoben. **4- bis 6-mal wiederholen,** das Bein aufstellen und ausschütteln. Dann ist das andere Bein an der Reihe.

Zum Abschluss Arme, Beine und Oberkörper lockern.

Tanzcafé im Sitzen

Tanzcafé im Sitzen

Tanzen ist wohl eine der beschwingtesten und kurzweiligsten Methoden, um etwas für die körperliche Fitness zu tun. Die Muskeln und Gelenke werden sanft, aber wirksam mobilisiert. Im Folgenden gibt es Ideen für ein Tanzcafé im Sitzen, wählen Sie einige der vorgeschlagenen Bewegungen aus. Spielen Sie dazu die Musik, die Ihre Teilnehmer mögen. Wenn dies für Schlager gilt, können Sie zum Beispiel das Lied „Tanze mit mir in den Morgen" von Gerhard Wendland wählen. Rockiger ist „Sugar Baby" von Peter Kraus, an Italienurlaube erinnert „Marina" von Rocco Granata.

So geht's

Arme und Hände: → In die Hände klatschen → Auf die Schenkel klopfen → Die Arme im Rhythmus abwechselnd nach vorn oder nach oben strecken → Die Unterarme im Takt kreisen lassen → Die Arme angewinkelt anheben und Hände auf Kopfhöhe nach links und rechts drehen → Die Arme anwinkeln und wie ein Scheibenwischer nach links und rechts bewegen

Oberkörper: → Mit dem Oberkörper hin und her wiegen → Die Schultern im Takt anheben und entspannen → Mit dem geraden Oberkörper nach vorn und hinten gehen, dabei den Oberkörper „shaken" → Mit dem Oberkörper im Takt nach links und rechts drehen und die Arme mitbewegen

Füße und Beine: → Auf der Stelle „marschieren" → Abwechselnd mit der rechten und linken Fußspitze im Takt wippen → Abwechselnd beim linken und rechten Fuß die Ferse aufstellen → Abwechselnd bei einem Fuß Ferse und Fußspitzen auftippen → Jeweils ein Bein im Wechsel seitlich nach vorn strecken und wieder absetzen

Zum Abschluss Arme, Beine und Oberkörper lockern.

Übungen für Venen und Co.

Übungen für Venen und Co.

Etwas Gutes für seine Gesundheit tun – da ist ein Klassiker das Kneippen. Für Ihre Teilnehmer können Sie Gymnastik mit positiver Wirkung auf die Durchblutung anbieten, genau wie beim Kneippen – jedoch ohne Wassereinsatz. Ihre Teilnehmer sitzen im Halbkreis. Wenn es für sie in Ordnung und der Boden warm ist, sollten die Schuhe ausgezogen werden. Leiten Sie Ihre Teilnehmer mit dem folgenden Text an.

So geht's

„Nach Pfarrer Kneipp ist das Kneippen benannt – das Wassertreten hat der eine oder andere in seinem Leben sicherlich schon mal gemacht. Wir haben kein Wasserbecken hier, aber wie beim Wassertreten heben wir die Füße hoch an. Das ist gut für die Durchblutung. Wir schreiten wie ein Storch – links hoch – rechts hoch ... (10-mal wiederholen). Jetzt gilt es, die Füße gut warm zu bekommen.

Dafür setzen Sie sich aufrecht hin, die Füße stellen Sie hüftbreit auf dem Boden auf. Heben Sie gleichzeitig beide Fersen an, die Fußspitzen bleiben auf dem Boden stehen. Kurz halten – Fersen absetzen ... (10-mal wiederholen).

Nun strecken Sie die Beine aus, sodass die Fersen aufliegen. Machen Sie die Füße lang und strecken die Zehen nach vorn. Kurz halten – Zehen wieder heranziehen ... (10-mal wiederholen).

Stellen Sie die Füße wieder hüftbreit auf dem Boden auf. Ein Bein anheben und das Knie strecken – kurz halten – wieder anwinkeln – absenken ... (6- bis 8-mal wiederholen, dann die Seite wechseln).

Zum Abschluss schütteln wir die Beine gut aus – fühlen sie sich nicht gut an? Pfarrer Kneipp wäre stolz auf uns."

Energiedusche

Energiedusche

Diese Übung können Sie bis zum Nachmittag durchführen, um Ihren Teilnehmern neue Energie zu schenken. Bei der Energiedusche sitzen die Teilnehmer im Halbkreis, die Beine stehen hüftbreit auf. Lesen Sie den folgenden Text langsam und mit ruhiger Stimme vor.

So geht's

„Stellen Sie sich vor, unter einer Dusche zu stehen ... Das Wasser der Dusche ist angenehm warm ... Die Dusche tut gut ... Sie spüren neue Energie in sich ... Das Wasser prasselt auf Ihre Arme (die Finger der rechten Hand ‚trommeln' von oben nach unten auf dem linken Arm) ... Das Wasser tanzt auf Ihrer Haut (die Finger der linken Hand ‚trommeln' von oben nach unten auf dem rechten Arm) ... Die Wassertropfen tanzen hin und her ... hin und her (die Arme über Kreuz halten und auf beiden Armen trommeln) ... Auch über Ihren Kopf rieselt das Wasser (die tanzenden Wassertropfen auf der Kopfhaut imitieren) ... Sie fühlen sich frisch und klar (mit den Fingern über das Gesicht tänzeln) ... Bis zum Fuß hinunter reinigt Sie das Wasser (auf einem Oberschenkel, mit den Fingerspitzen beider Hände trommelnd, zum Fuß hinabwandern) ... Über Ihren ganzen Körper fließt das Wasser (das andere Bein trommelnd hinabwandern) ... Sie sind entspannt und recken und strecken sich (die Arme und den Oberkörper nach oben strecken) ... Nun trocknen Sie sich noch ab (die folgenden Körperbereiche trocken tupfen): erst die Arme ... dann den Kopf .... dann den Bauch und die Beine ... Jetzt sind Sie frisch und reisen in Ihren Gedanken zurück in diesen Raum ... Schütteln Sie Ihre Arme und Beine locker aus ... Sie fühlen sich frisch und entspannt ..."

Baum im Wind *(Bewegungsübung)*

Baum im Wind

Der „Baum im Wind" verbindet bedachtvolle Bewegung des Oberkörpers mit Entspannung. Die Teilnehmer sitzen im Halbkreis mittig auf ihren Stühlen, die Beine stehen hüftbreit auf dem Boden auf. Lesen Sie den folgenden Text langsam und mit ruhiger Stimme vor.

So geht's

„Stellen Sie sich vor, Sie sind ein Baum ... Sie stehen auf einer hellen Lichtung ... Die Sonne strahlt ... Der Himmel ist blau mit einigen Wolken ganz in Weiß ... Sie sind ein schöner Baum mit frischgrünem Laub ... Der Wind streift sie ... Der Wind ist mild und sanft ... Ihre Blätter beginnen, zu schwingen ... Hin und her ... und hin und her (Arme nach oben strecken und 10-mal nach links und rechts schwingen) ... Jetzt wird der Wind ein bisschen stärker ... Auch der Baumstamm pendelt nun im Wind vor und zurück ... vor und zurück ... und vor und zurück (Oberkörper 10-mal vor und zurück beugen) ... Jetzt dreht sich der Wind ... Er kommt von der Seite ... Ihr Baumstamm pendelt nun nach links ... Dann wird der Wind schwach und Sie sind wieder mittig ... Der Tanz im Wind macht Spaß ... Nach links ... und in die Mitte (Oberkörper 10-mal nach links und zurück in die Mitte pendeln) ... Und weil es so Spaß macht, geht es nun nach rechts ... und zurück in die Mitte (10-mal nach rechts und zurück in die Mitte pendeln) ... Jetzt tanzt der Wind auf der Wiese um Sie ... Und Sie tanzen mit ... Ihr Stamm kreist und kreist und kreist (Oberkörper 5-mal in jede Richtung kreisen) ... Nun flaut der Wind ab ... Sie stehen ruhig auf der Lichtung ... Der Himmel ist blau mit einigen Wolken in Weiß ... Sie lassen den Baum auf der Wiese stehen und kehren zurück in diesen Raum ... Schütteln Sie Ihre Arme und Beine locker aus ... Sie fühlen sich frisch und entspannt ..."

Reise ans Meer *(Atemübung)*

24

Entspannung für Körper und Seele

Reise ans Meer

Atmen und Wohlgefühl, das hat viel miteinander zu tun. Wenn Menschen unter Druck stehen, atmen sie flach. Wenn sie dagegen eingenommen sind von einem Moment, wird der Atem tief. Stellen Sie sich vor, wie Sie am Strand stehen und die Gischt vor Ihnen tobt. Und – haben Sie mehr Sauerstoff eingeatmet? Mit der folgenden Übung können Sie bei Ihren Teilnehmern das tiefe Atmen anregen. Lesen Sie den folgenden Text langsam und mit ruhiger Stimme vor.

So geht's

„Am Strand sein, das tut der Seele gut! ... Deswegen steht heute eine Reise ans Meer an ... Wie das möglich ist? ... Das geht mithilfe Ihrer Vorstellungskraft ... Schließen Sie, wenn Sie mögen, Ihre Augen ... Stellen Sie sich vor, Sie stehen am Strand ... Der Wind weht um Ihre Nase ... Die Luft schmeckt nach Salz ... Sie atmen durch die Nase ein ... Sie atmen durch den Mund wieder aus ... Sie atmen tief durch die Nase ein ... So tief, dass sich Ihr Bauch wölbt ... Dann atmen Sie durch den Mund wieder aus ... Spüren Sie Ihren Atem, indem Sie Ihre Handflächen auf den Bauch legen ... Die Fingerspitzen sind leicht verschränkt ... Atmen Sie durch die Nase ein ... Spüren Sie, wie sich Ihr Bauch nach oben wölbt und die Hände auseinanderdrückt? ...
Gut so ... Sie fühlen sich wohl am Strand ... Sie genießen die Weite ... Atmen Sie durch die Nase ein ... und durch den Mund aus (10-mal wiederholen) ... Legen Sie eine Hand auf den Brustkorb ... Spüren Sie, wie sich die Hand beim Einatmen hebt? ... Atmen Sie durch die Nase in die Brust ein ... Atmen Sie durch den Mund aus (12-mal wiederholen) ... Sie sind entspannt ... Jetzt ist es Zeit, in diesen Raum zurückzukehren ... Schütteln Sie Ihre Arme und Beine locker aus ... Sie fühlen sich frisch und entspannt ... Öffnen Sie Ihre Augen ..."

Tanz der Finger *(Fingerentspannung)*

Tanz der Finger

Mit dieser Fingerentspannung werden, um es sprichwörtlich zu sagen, zwei Fliegen mit einer Klappe geschlagen. Einerseits ist sie förderlich für die Motorik, andererseits wirkt sie harmonisierend, da sich in den Fingern viele Akupressurpunkte befinden.

So geht's

Fingertippen: Nacheinander tippen die Finger einer Hand an den Daumen: erst der Zeigefinger, dann der Mittelfinger und der Ringfinger. Wenn der kleine Finger am Daumen gewesen ist, wandert die Bewegung wieder nach vorn. Dies wird wiederholt, bis Ihre Teilnehmer die Bewegung weitgehend beherrschen. Dann ist die andere Hand an der Reihe. Zum Schluss die Bewegung gleichzeitig mit beiden Händen durchführen.

Fingerkreisen: Die Teilnehmer legen die Fingerspitzen aneinander (siehe Kartenvorderseite). Dann drehen sie die Daumen umeinander: erst in die eine, dann in die andere Richtung. Wenn das klappt, sind die nächsten Finger dran, so kommen Zeige-, Mittel-, Ring- und kleiner Finger an die Reihe. Achten Sie darauf, dass die Teilnehmer gefordert, aber nicht überfordert werden. Eventuell überspringen sie Finger.

Dachbalken: Wenn alle Fingerspitzen aneinanderliegen (siehe Kartenvorderseite), erinnert die Form an ein Dach. Von der Ausgangshaltung aus werden zunächst die Zeigefinger flach aufeinandergelegt – sie berühren auf der anderen Seite den Fingeransatz, so wie ein „Dachbalken". Finger wieder aufstellen und die „Dachbalken" umgekehrt ablegen. Den Ablauf für alle Finger durchführen.